El libro de c freidora de aire súper simple

Recetas deliciosas y sorprendentes para gente ocupada.
Cocine en pocos pasos y diga adiós a la hipertensión y a las hemicráneas. Pierda Peso rápidamente y Adelgace.

Tanya Hackett

Índice de contenidos

La información contenida en las siguientes páginas se considera, en términos generales, una exposición veraz y exacta de los hechos y, como tal, cualquier falta de atención, uso o mal uso de la información en cuestión por parte del lector hará que cualquier acción resultante sea únicamente de su incumbencia. No existe ningún escenario en el que el editor o el autor original de esta obra puedan ser considerados de alguna manera responsables de cualquier dificultad o daño que pueda ocurrirles después de emprender la información aquí descrita.

Además, la información contenida en las páginas siguientes tiene únicamente fines informativos, por lo que debe considerarse universal. Como corresponde a su naturaleza, se presenta sin garantía de su validez prolongada ni de su calidad provisional. Las marcas comerciales que se mencionan se hacen sin el consentimiento por escrito y no pueden considerarse en modo alguno como un respaldo del titular de la marca.

Introducción

La freidora de aire es un aparato de cocina relativamente nuevo que ha demostrado ser muy popular entre los consumidores. Aunque hay muchas variedades disponibles, la mayoría de las freidoras de aire comparten muchas características comunes. Todas tienen elementos calefactores que hacen circular aire caliente para cocinar los alimentos. La mayoría vienen con ajustes preprogramados que ayudan a los usuarios a preparar una amplia variedad de alimentos.

La fritura al aire es un estilo de cocina más saludable porque utiliza menos aceite que los métodos tradicionales de fritura. Además de conservar el sabor y la calidad de los alimentos, reduce la cantidad de grasa utilizada en la cocción. La fritura al aire es un método común para "freír" alimentos que se elaboran principalmente con huevos y harina. Estos alimentos pueden quedar blandos o crujientes a su gusto utilizando este método.

Cómo funcionan las freidoras de aire

Las freidoras de aire utilizan un soplador para hacer circular aire caliente alrededor de los alimentos. El aire caliente calienta la humedad de los alimentos hasta que se evapora y crea vapor. A medida que el vapor se acumula alrededor de los alimentos, crea una presión que extrae la humedad de la superficie de los alimentos y la aleja del centro, formando pequeñas burbujas. Las burbujas crean una capa de aire que rodea el alimento y crea una corteza crujiente.

Elegir una freidora de aire

A la hora de elegir una freidora de aire, busque una que tenga buenas opiniones sobre la satisfacción de los clientes. Comience por las características que necesita, como la potencia, el tamaño de la capacidad y los accesorios. Busque una que sea fácil de usar. Algunas freidoras de aire del mercado tienen un temporizador incorporado y una temperatura ajustable. Busque una que tenga un embudo para recoger la grasa, una cesta apta para el lavavajillas y piezas fáciles de limpiar.

Cómo utilizar una freidora de aire

Para obtener los mejores resultados, precaliente la freidora de aire a 400 F durante 10 minutos. El precalentamiento de la freidora de aire permite alcanzar la temperatura adecuada más rápidamente. Además, precalentar la freidora de aire es esencial para asegurar que su comida no se queme.

Cómo cocinar cosas en una freidora de aire

Si aún no tienes una freidora de aire, puedes empezar a jugar con tus hornos echando unas patatas fritas congeladas y cocinándolas hasta que se doren uniformemente.

Dependiendo de tu horno, echa un vistazo a la temperatura. Puede que tengas que aumentar o disminuir el tiempo.

¿Qué alimentos se pueden cocinar en una freidora de aire?

Huevos: Aunque puedes cocinar huevos en una freidora de aire, no lo recomendamos porque no puedes controlar el tiempo y la temperatura de cocción con tanta precisión como con una sartén tradicional. Es mucho más fácil que los huevos se cocinen de forma desigual. Tampoco puedes añadir salsas o condimentos y no obtendrás bordes dorados y crujientes.

Alimentos congelados: Generalmente, los alimentos congelados se cocinan mejor en el horno convencional porque necesitan alcanzar una determinada temperatura para cocinarse correctamente. La freidora de aire no es capaz de alcanzar temperaturas que hagan que los alimentos se cocinen completamente.

Alimentos deshidratados: Los alimentos deshidratados requieren una fritura profunda, algo que no se puede hacer con una freidora de aire. Cuando se trata de cocinar alimentos deshidratados, la freidora de aire no es la mejor opción.

Verduras: Puedes cocinar verduras en una freidora de aire, pero tienes que asegurarte de que la freidora de aire no está ajustada a una temperatura que las queme.

Para asegurarse de que las verduras no se cocinan en exceso, ponga en marcha la freidora de aire con la cesta apagada, y luego eche las verduras una vez que el aire se haya calentado y ya no haya puntos fríos.

Asegúrese de remover las verduras cada pocos minutos. Cocinarlas en la cesta también es una opción, pero pueden pegarse un poco.

Patatas fritas: Freír las patatas fritas en una freidora de aire es una buena manera de conseguir patatas fritas crujientes y doradas sin añadir mucho aceite. En comparación con la fritura convencional, la fritura al aire libre aporta menos calorías.

Para cocinar las patatas fritas en una freidora de aire, utilice una cesta o una rejilla y vierta suficiente aceite para que llegue hasta la mitad de la altura de las patatas. Para obtener los mejores resultados, asegúrese de que las patatas fritas estén congeladas. Ponga la freidora de aire a 400 grados y programe 12 minutos. Si las quiere muy crujientes, puede programar 18 minutos, pero pueden quemarse un poco.

Beneficios de una freidora de aire:

- Es una de las formas más fáciles de cocinar alimentos saludables. Si se utiliza 4 o 5 veces por semana, es una opción más saludable que freír con aceite en el horno convencional o utilizar alimentos enlatados.

- Las freidoras de aire son una forma fácil de servir comida sabrosa que no ocupa mucho espacio. Las freidoras de aire permiten cocinar el triple de comida que en el microondas.

- Las freidoras de aire ocupan poco espacio y se pueden guardar en un armario cuando no se utilizan.

-Son aparatos de cocina versátiles. Puedes utilizarlos para cocinar alimentos para el almuerzo, la cena y los aperitivos.

- Las freidoras de aire requieren poco o ningún esfuerzo en la cocina. Puedes usarlas con la tapa puesta, lo que significa que hay que lavar menos.

Chips de plátano con miel

Receta básica

Tiempo de preparación: 10 minutos

Tiempo de cocción: 6 minutos

Raciones: 2

Ingredientes:

1. 2 plátanos
2. 1 cucharadita de miel
3. 1 pizca de pimienta blanca
4. ½ cucharadita de aceite de oliva

Direcciones:

- Pele los plátanos y córtelos en trozos. A continuación, rocía los plátanos con la miel y la pimienta blanca.
- Rociar el aceite de oliva sobre los plátanos y mezclarlos suavemente con la ayuda de las manos.
- Precaliente la freidora de aire a 320 F. Ponga los chips de plátano en la cesta de la freidora de aire y cocine durante 6 minutos
- Sirva los chips de plátano cocidos inmediatamente.
- Que lo disfrutes.

La nutrición:

Calorías 126

Grasa 1,6

Carbohidratos 29,9

Proteína 1.3

Chips de jengibre y manzana

Receta básica

Tiempo de preparación: 10 minutos

Tiempo de cocción: 10 minutos

Raciones: 2

Ingredientes:

1. ½ cucharadita de aceite de oliva

2. 3 manzanas

3. 1 pizca de jengibre molido

Direcciones:

- Pelar las manzanas y quitarles las semillas. Cortar las manzanas en rodajas y rociarlas con el jengibre molido y el aceite de oliva.

- Precaliente la freidora de aire a 400 F.
- Coloque las rodajas de manzana en la rejilla de la freidora.
- Cocinar los chips de manzana durante 10 minutos
- Sacudir los chips de manzana con cuidado después de 4 minutos de cocción.
- A continuación, enfríe los trozos de manzana con cuidado.
- Sirva la comida inmediatamente o guárdela en la bolsa de papel en el lugar seco.
- Que lo disfrutes.

La nutrición:

Calorías 184

Grasa 1,8

Fibra 8.1

Carbohidratos 46,3

Proteína 0,9

Papas fritas de zanahoria con arce

Receta básica

Tiempo de preparación: 5 minutos

Tiempo de cocción: 10 minutos

Raciones: 2

Ingredientes:

1. 1 taza de zanahorias pequeñas
2. ¼ de taza de jarabe de arce
3. 1 pizca de sal
4. ½ cucharadita de tomillo
5. ½ cucharadita de pimienta negra molida
6. 1 cucharadita de orégano seco
7. 1 cucharada de aceite de oliva

Direcciones:

- Precaliente la freidora de aire a 410 F.
- Coloque la zanahoria baby en la cesta de la freidora.
- Espolvorear la zanahoria baby con el tomillo, la sal, la pimienta negra molida y el orégano seco.
- A continuación, rocíe el aceite de oliva sobre la zanahoria baby y agítelo bien.
- Cocinar las zanahorias baby fritas durante 10 minutos
- Agitar las zanahorias fritas después de 6 minutos de cocción.
- Enfriar la comida cocinada durante 5 minutos
- Que lo disfrutes.

La nutrición:

Calorías 197

Grasa 7,3

Carbohidratos 34,4

Proteína 0,7

Patatas fritas de boniato

Receta básica

Tiempo de preparación: 10 minutos

Tiempo de cocción: 15 minutos

Raciones: 2

Ingredientes:

1. 2 batatas
2. 1 cucharada de aceite de coco
3. 1/3 cucharadita de sal
4. ½ cucharadita de pimienta negra molida
5. ½ cucharadita de cebolla en polvo

Direcciones:

- Precaliente la freidora de aire a 370 F.
- Pelar los boniatos y cortarlos en forma de patatas fritas.
- Espolvorear las verduras con la sal, la pimienta negra molida y la cebolla en polvo.
- Agitar los boniatos y espolvorear con el aceite de coco.
- Poner las patatas fritas de boniato sin cocinar en la cesta de la freidora de aire y cocinar durante 15 minutos
- Agitar las patatas fritas de boniato cada 5 minutos
- Cuando las patatas fritas de boniato estén cocidas: déjelas enfriar suavemente
- ¡Sirve la comida!

La nutrición:

Calorías 225

Grasa 6,8

Carbohidratos 42,1

Proteína 2,6

Anillos de calamar

Receta básica

Tiempo de preparación: 10 minutos

Tiempo de cocción: 4 minutos

Raciones: 2

Ingredientes:

1. 2 tubos de calamar
2. 2 huevos
3. 1/3 de taza de harina
4. ¼ de cucharadita de sal
5. ½ cucharadita de cebolla en polvo
6. ½ cucharadita de ajo en polvo

Direcciones:

- Lavar y pelar los cubos de calamar con cuidado. A continuación, cortar los cubos de calamar en las anillas.
- Bata los huevos en el bol y bátalos.
- A continuación, sumergir las anillas de calamar en los huevos batidos.
- Combinar la harina, la sal, la cebolla en polvo y el ajo en polvo. Remover la mezcla con la ayuda del tenedor.
- A continuación, rebozar los anillos de calamar con la mezcla de harina.
- Precaliente la freidora de aire a 400 F.
- Poner las anillas de calamar en la rejilla de la freidora.
- Cocinar las anillas de calamar durante 4 minutos
- Agitar las anillas de calamar después de 3 minutos de cocción.
- Cuando las anillas de calamar estén cocidas: dejarlas enfriar hasta la temperatura ambiente
- Que lo disfrutes.

La nutrición:

Calorías 383

Grasa 10,5

Carbohidratos 17,2

Proteínas 55,8

Patatas fritas de zanahoria

Receta básica

Tiempo de preparación: 10 minutos

Tiempo de cocción: 20 minutos

Raciones: 2

Ingredientes:

1. 3 zanahorias
2. ½ cucharadita de sal
3. ½ cucharadita de pimienta negra molida
4. 1 cucharada de aceite de canola

Direcciones:

- Pele la zanahoria y córtela en rodajas.
- A continuación, espolvoree los trozos de zanahoria sin cocer con la sal, la pimienta negra molida y el aceite de canola.
- Agitar los chips de zanahoria con cuidado.
- Precaliente la freidora de aire a 360 F.
- Poner los chips de zanahoria en la cesta de la freidora.
- Agitar los trozos de zanahoria hasta la mitad.
- Compruebe el estado de los chips de zanahoria durante la cocción.
- Enfría los chips de zanahoria y sirve.
- Que lo disfrutes.

La nutrición:

Calorías 101

Grasa 7

Carbohidratos 9,3

Proteína 0,8

Bocados de Okra de maíz

Receta básica

Tiempo de preparación: 10 minutos

Tiempo de cocción: 4 minutos

Raciones: 2

Ingredientes:

1. 4 cucharadas de copos de maíz triturados
2. 9 oz okra
3. 1 huevo
4. ½ cucharadita de sal
5. 1 cucharadita de aceite de oliva

Direcciones:

- Precaliente la freidora de aire a 400 F.
- Cortar el quimbombó en trozos grandes.
- Mezclar los copos de maíz y la sal.
- Romper el huevo en el bol y batirlo.
- Mezclar el quimbombó picado con el huevo batido.
- A continuación, cubra el quimbombó picado con los copos de maíz.
- Ponga el quimbombó picado en la cesta de la freidora de aire y rocíe con el aceite de oliva.
- Cocer el quimbombó durante 4 minutos
- Agitar la okra después de 2 minutos de cocción.
- Cuando el quimbombó esté cocido: déjelo enfriar suavemente.

- Que lo disfrutes.

La nutrición:

Calorías 115

Grasa 4,8

Carbohidratos 12,7

Proteína 5.2

Patatas fritas saladas

Receta básica

Tiempo de preparación: 10 minutos

Tiempo de cocción: 19 minutos

Raciones: 2

Ingredientes:

1. 3 patatas
2. 1 cucharada de aceite de canola
3. ½ cucharadita de sal

Direcciones:

- Lavar las patatas con cuidado y no pelarlas. Cortar las patatas en forma de chips.
- Rociar las patatas fritas con el aceite de oliva y la sal. Mezclar las patatas con cuidado.

- Precaliente la freidora de aire a 400 F. Ponga las patatas fritas en la cesta de la freidora de aire y cocine durante 19 minutos
- Agitar las patatas fritas cada 3 minutos
- Cuando las patatas fritas estén cocidas: enfríalas bien.
- Que lo disfrutes.

La nutrición:

Calorías 282

Grasa 7,3

Carbohidratos 50,2

Proteína 5.4

Frituras de maíz y frijoles

Receta básica

Tiempo de preparación: 10 minutos

Tiempo de cocción: 10 minutos

Raciones: 2

Ingredientes:

1. ¼ de taza de copos de maíz desmenuzados
2. 1 huevo
3. 10 oz de judías verdes
4. 1 cucharada de aceite de canola
5. ½ cucharadita de sal
6. 1 cucharadita de ajo en polvo

Direcciones:

- Precaliente la freidora de aire a 400 F.
- Poner las judías verdes en el bol.
- Batir el huevo en las judías verdes y remover con cuidado hasta que quede homogéneo.
- A continuación, espolvorear las judías verdes con la sal y el ajo en polvo.
- Agitar suavemente.
- A continuación, reboza las judías verdes en las migas de copos de maíz.

- Ponga las judías verdes en la cesta de la freidora en una sola capa.
- Cocer las judías verdes durante 7 minutos
- Agitar las judías verdes dos veces durante la cocción.
- Cuando las judías verdes estén cocidas: dejarlas enfriar y servir.
- Que lo disfrutes.

La nutrición:

Calorías 182

Grasa 9,4

Carbohidratos 21

Proteína 6.3

Buñuelos de manzana azucarados

Receta básica

Tiempo de preparación: 10 minutos

Tiempo de cocción: 10 minutos

Raciones: 2

Ingredientes:

1. 2 manzanas rojas
2. 1 cucharadita de azúcar
3. 1 cucharada de harina
4. 1 cucharada de sémola
5. 1 cucharadita de zumo de limón
6. ½ cucharadita de canela molida
7. 1 cucharadita de mantequilla
8. 1 huevo

Direcciones:

- Pelar las manzanas y rallarlas.
- Rociar las manzanas ralladas con el zumo de limón.
- A continuación, añadir el azúcar, la harina, la sémola y la canela molida.
- Mezclar la mezcla y romper el huevo.
- Mezclar con cuidado la mezcla de manzanas.
- Precaliente la freidora de aire a 370 F.
- Echa la mantequilla en la cesta de la freidora y derrítela.

- Cuando la mantequilla esté derretida: haga los buñuelos medianos con la mezcla de manzanas. Utilice 2 cucharas para este paso.
- Coloque los buñuelos en la cesta de la freidora y cocínelos durante 6 minutos
- Después de esto, dar la vuelta a los buñuelos por otro lado y cocinar durante 2 minutos más.
- Secar los buñuelos cocidos con la ayuda del papel de cocina y servir.
- Que lo disfrutes.

La nutrición:

Calorías 207

Grasa 4,6

Carbohidratos 40,3

Proteína 4,5

Aros de cebolla con orégano

Receta básica

Tiempo de preparación: 14 minutos

Tiempo de cocción: 10 minutos

1. **Raciones:** 2
2. **Ingredientes:**
3. 1 cucharada de orégano
4. 1 cucharada de harina
5. ½ cucharadita de maicena
6. 1 huevo
7. ½ cucharadita de sal
8. 2 cebollas blancas peladas
9. 1 cucharada de aceite de oliva

Direcciones:

- Romper el huevo en el bol y batirlo. Mezclar la harina y la maicena en un bol aparte.
- Añadir el orégano y la sal. Agitar suavemente la mezcla. Pelar las cebollas y cortarlas en rodajas para obtener los "aros".
- A continuación, sumerja los aros de cebolla en el huevo batido. Después, reboza los aros de cebolla en la mezcla de harina.
- Precaliente la freidora de aire a 365 F.
- Rocíe la cesta de la freidora de aire con el aceite de oliva en su interior. A continuación, coloque los aros de cebolla en la freidora de aire y cocine durante 8 minutos
- Sacudir los aros de cebolla después de 4 minutos de cocción. Deje que la comida cocida se enfríe suavemente.
- ¡Sírvelo!

La nutrición:

Calorías 159

Grasa 9,6

Carbohidratos 15,5

Proteína 4,6

Mezcla de frutos secos con canela

Receta básica

Tiempo de preparación: 5 minutos

Tiempo de cocción: 20 minutos

Porciones: 5

Ingredientes:

1. ½ taza de nueces
2. ½ taza de nueces
3. ½ taza de almendras
4. Una pizca de pimienta de cayena
5. 2 cucharadas de azúcar
6. 2 cucharadas de claras de huevo
7. 2 cucharaditas de canela

Direcciones

- Añade la pimienta, el azúcar y la canela en un bol y mézclalos bien; resérvalos. En otro bol, mezcle las pacanas, las nueces, las almendras y las claras de huevo. Añadir la mezcla de especias a los frutos secos y mezclar bien. Engrasar ligeramente la cesta de la sartén con spray de cocina. Vierta los frutos secos y cocínelos durante 10 minutos en la función Air Fry a 350 F. Remueva los frutos secos con un recipiente de madera y cocínelos durante 10 minutos más Vierta los frutos secos en el bol. Dejar enfriar.

La nutrición:

Calorías 180

Grasa 12g

Carbohidratos 13g

Proteína 6g

Chips de manzana y canela

Receta básica

Tiempo de preparación: 15 minutos

Tiempo de cocción: 10 minutos

Raciones: 2

Ingredientes:

1. 1 cucharadita de azúcar
2. 1 cucharadita de sal
3. 1 manzana entera, cortada en rodajas
4. ½ cucharadita de canela
5. Azúcar de repostería para servir

Direcciones:

- Precaliente su Air Fryer a 400 F. En un bol, mezcle la canela, la sal y el azúcar; añada las rodajas de manzana. Coloque las manzanas preparadas en la cesta de cocción y cocine durante 10 minutos en la función Bake. Espolvoree con azúcar y sirva.

La nutrición:

Calorías 110

Grasa 0g

Carbohidratos 27g

Proteína 1g

Rollos de huevo de col con sésamo y gambas

Receta básica

Tiempo de preparación: 32 minutos

Tiempo de cocción: 18 minutos

Porciones: 4

Ingredientes:

1. 2 cucharadas de aceite vegetal
2. Un trozo de jengibre fresco de 1 pulgada, rallado
3. 1 cucharada de ajo picado
4. 1 zanahoria, cortada en tiras
5. ¼ de taza de caldo de pollo
6. 2 cucharadas de salsa de soja reducida en sodio
7. 1 cucharada de azúcar
8. 1 taza de col Napa rallada
9. 1 cucharada de aceite de sésamo
10. 8 gambas cocidas, picadas
11. 1 huevo
12. 8 envoltorios de rollos de huevo

Direcciones

- En una sartén a fuego alto, calentar el aceite vegetal y cocinar el jengibre y el ajo durante 40 segundos, hasta que estén fragantes. Incorpore la zanahoria y cocine durante otros 2 minutos. Vierta el caldo de pollo, la salsa de soja y el azúcar y lleve a ebullición.

- Añada la col y déjela cocer a fuego lento hasta que se ablande, durante 4 minutos Retire la sartén del fuego y añada el aceite de sésamo. Deje que se enfríe durante 15 minutos. Cuele la mezcla de col y añada las gambas picadas. Batir un huevo en un bol pequeño. Rellene cada envoltorio de rollo de huevo con la mezcla de gambas, disponiendo la mezcla justo debajo del centro del envoltorio.

- Doblar la parte inferior sobre el relleno y meterla por debajo. Doblar ambos lados y enrollar bien. Utilice el huevo batido para sellar el envoltorio. Colocar los rollos en una cesta de freír engrasada, rociar con aceite y cocinar durante 12 minutos a 370 F en la función Air Fry, dándoles la vuelta una vez a mitad de camino.

La nutrición:

Calorías 149,3

Grasa 3,5g

Carbohidratos 20g

Proteínas8,8 g

Patatas al romero

Receta básica

Tiempo de preparación: 10 minutos

Tiempo de cocción: 25 minutos

Raciones: 2

Ingredientes:

- libras de patatas, cortadas por la mitad
1. 2 cucharadas de aceite de oliva
2. 3 dientes de ajo rallados
3. 1 cucharada de romero fresco picado
4. 1 cucharadita de sal
5. ¼ de cucharadita de pimienta negra recién molida

Direcciones:

1. En un bol, mezcle las patatas, el aceite de oliva, el ajo, el romero, la sal y la pimienta, hasta que estén bien cubiertas. Coloque las patatas en la cesta y cocine a 360 F en la función Air Fry durante 25 minutos, agitando dos veces durante la cocción. Cocine hasta que estén crujientes por fuera y tiernas por dentro.

La nutrición:

Calorías 132

Grasas: 2,5g

Carbohidratos 18.3g

Proteínas 9,5g

Palitos de mozzarella crujientes con salsa dulce tailandesa

Receta intermedia

Tiempo de preparación: 2 horas

Tiempo de cocción: 20 minutos

Raciones: 2

Ingredientes:

- 12 quesos en tiras de mozzarella
- 2 tazas de pan rallado
- 3 huevos
- 1 taza de salsa dulce tailandesa
- 4 cucharadas de leche desnatada

Direcciones

1. Echar las migas en un bol. Romper los huevos en otro bol y batirlos con la leche. Uno tras otro, sumerja cada palito de queso en la mezcla de huevo, en las migas, luego en la mezcla de huevo otra vez y luego en las migas de nuevo.

2. Coloque los palitos de queso recubiertos en una bandeja para galletas y congele durante 1 ó 2 horas. Precaliente la función Air Fry a 380 F. Disponga los palitos en la cesta de freír sin llenarlos demasiado. Cocine durante 8 minutos, dándoles la vuelta a mitad de la cocción para que se doren uniformemente. Cocine en tandas. Servir con una salsa dulce tailandesa.

La nutrición:

Calorías 173

Grasa 5,6g

Carbohidratos 27g

Proteínas 3,3g

Sopa de pollo

Tiempo de preparación: 10 minutos
Tiempo de cocción: 17 minutos
Porciones: 4
Ingredientes:

- 4pechugas de pollo, sin piel y sin hueso
- 2 cucharadas de aceite de oliva virgen extra
- 1 cebolla, pelada y picada
- 3 dientes de ajo, pelados y picados
- 16 onzas de salsa en trozos
- 29 onzas de tomates enlatados en cubos
- 29 onzas de caldo de pollo
- Sal y pimienta negra molida, al gusto
- 2 cucharadas de perejil seco
- 1 cucharadita de ajo en polvo
- 1 cucharada de cebolla en polvo
- 1 cucharada de chile en polvo
- 15 onzas de maíz congelado
- 32 onzas de frijoles negros enlatados, escurridos

Direcciones:
1. Poner la freidora de aire en modo Sauté, añadir el aceite y calentarlo. Poner la cebolla, remover, y cocinar 5 minutos. Añade el ajo, remueve y cocina un minuto.

2. Introduzca las pechugas de pollo, los tomates, la salsa, la pimienta, la cebolla en polvo, el caldo, la sal, el ajo en polvo, el perejil y el chile en polvo, remueva, tape y cocine en la posición Sopa durante 8 minutos. Naturalmente, libere la presión durante 10 minutos, destape la freidora de aire, transfiera las pechugas de pollo a una tabla de cortar, desmenúcelas con 2 tenedores y devuélvalas a la olla. Añada las judías y el maíz, ponga la freidora en modo manual y cocine durante 2-3 minutos. Divida en tazones de sopa y sirva.

La nutrición:

Calorías: 210

Proteínas: 26 g.

Grasa: 4,4 g.

Carbohidratos: 18 g.

Sopa de patatas y queso

Tiempo de preparación: 10 minutos

Tiempo de cocción: 10 minutos

Porciones: 6

Ingredientes:

- 6 tazas de patatas cortadas en cubos
- 2 cucharadas de mantequilla
- ½ taza de cebolla amarilla picada
- 28 onzas de caldo de pollo
- Sal y pimienta negra molida, al gusto
- 2 cucharadas de perejil seco
- 1/8 cucharadita de copos de pimienta roja
- 2 cucharadas de maicena

- 2 cucharadas de agua
- 3 onzas de queso crema, cortado en cubos
- 2 tazas de mitad y mitad
- 1 taza de queso cheddar rallado
- 1 taza de maíz
- 6 lonchas de jamón cocido y desmenuzado

Direcciones:

1. Poner la freidora de aire en modo Sauté, añadir la mantequilla y derretirla. Poner la cebolla, remover y cocinar 5 minutos.
2. Añade la mitad del caldo, la sal, la pimienta, los copos de pimienta y el perejil y remueve. Ponga las patatas en la cesta de vapor, tape la freidora y cocine a vapor durante 4 minutos. Suelte la presión de forma natural, destape la freidora y pase las patatas a un bol. En otro bol, mezcle la maicena con el agua y remueva bien. Ponga la freidora en modo manual, añada la mezcla de maicena, el queso crema y el queso rallado y remueva bien. Añade el resto del caldo, el maíz, el bacon, las patatas y la mitad y la mitad. Remueva, deje que hierva a fuego lento, sirva en tazones y sirva.

La nutrición:

Calorías: 188

Proteínas: 9 g.

Grasa: 7,14 g.

Carbohidratos: 22 g.

Sopa de guisantes partidos

Tiempo de preparación: 10 minutos

Tiempo de cocción: 20 minutos

Porciones: 6

Ingredientes:

- 2 cucharadas de mantequilla
- 1 libra de salchicha de pollo molida
- 1 cebolla amarilla, pelada y picada
- ½ taza de zanahorias, peladas y picadas
- ½ taza de apio picado
- 2 dientes de ajo, pelados y picados
- 29 onzas de caldo de pollo
- Sal y pimienta negra molida, al gusto
- 2 tazas de agua
- 16 onzas de guisantes partidos, enjuagados
- ½ taza de mitad y mitad
- ¼ de cucharadita de copos de pimienta roja

Direcciones:

1. Poner la freidora de aire en modo salteado, añadir la salchicha, dorarla por todos los lados y pasarla a un plato. P

2. echa la mantequilla en la freidora y derrítela. Añade el apio, las cebollas y las zanahorias, remueve y cocina 4 minutos. Incorpore el ajo, remueva y cocine durante 1 minuto. Añada el agua, el caldo, los guisantes y los copos de pimienta, remueva, tape y cocine en la posición Sopa durante 10 minutos. Suelte la presión, haga un puré con una batidora de inmersión y ponga la freidora en modo Manual. Añada la salchicha, la sal, la pimienta y la mitad y la mitad, remueva, deje que hierva a fuego lento y sirva en platos hondos.

La nutrición:

Calorías: 30

Proteínas: 20 g.

Grasa: 11 g.

Carbohidratos: 14 g.

Sopa de maíz

Tiempo de preparación: 10 minutos

Tiempo de cocción: 15 minutos

Porciones: 4

Ingredientes:

- 2 puerros picados
- 2 cucharadas de mantequilla
- 2 dientes de ajo, pelados y picados
- 6años de maíz, mazorcas reservadas, granos cortados,
- 2bay hojas
- 4 ramitas de estragón picadas
- 1 litro de caldo de pollo
- Sal y pimienta negra molida, al gusto
- Aceite de oliva virgen extra
- 1 cucharada de cebollino fresco picado

Direcciones:

1. Poner la freidora de aire en modo Sauté, añadir la mantequilla y derretirla.
2. Añadir los puerros y el ajo, remover y cocinar durante 4 minutos.
3. Añada el maíz, las mazorcas, las hojas de laurel, el estragón y el caldo para cubrirlo todo, tape la Air fryer y cocine en la posición Soup durante 15 minutos.

4. Suelte la presión, destape la freidora, deseche las hojas de laurel y las mazorcas de maíz y páselo todo a una batidora. Pulse bien para obtener una sopa suave, añada el resto del caldo y vuelva a batir.

5. Añadir la sal y la pimienta, remover bien, repartir en cuencos de sopa y servir frío con cebollino y aceite de oliva por encima.

La nutrición:

Calorías: 300

Proteínas: 13 g.

Grasa: 8,3 g.

Carbohidratos: 50 g.

Sopa de calabaza

Tiempo de preparación: 10 minutos

Tiempo de cocción: 16 minutos

Porciones: 6

Ingredientes:

- 1½ libras de calabaza, horneada, pelada y cortada en cubos
- ½ taza de cebollas verdes picadas
- 3 cucharadas de mantequilla
- ½ taza de zanahorias, peladas y picadas
- ½ taza de apio picado
- 29 onzas de caldo de pollo
- 1 diente de ajo, pelado y picado

- ½ cucharadita de condimento italiano
- 15 onzas de tomates enlatados en cubos
- Sal y pimienta negra molida, al gusto
- 1/8 cucharadita de copos de pimienta roja
- 1 taza de orzo, ya cocido
- 1/8 de cucharadita de nuez moscada rallada
- 1½ taza de mitad y mitad
- 1 taza de carne de pollo, ya cocida y desmenuzada
- Cebollas verdes picadas, para servir

Direcciones:

1. Ponga la freidora de aire en modo Sauté, añada la mantequilla y derrítala. Añade el apio, las zanahorias y las cebollas, remueve y cocina durante 3 minutos.

2. Poner el ajo, remover y cocinar durante 1 minuto. Añade la calabaza, los tomates, el caldo, el condimento italiano, la sal, la pimienta, los copos de pimienta y la nuez moscada. Remueva, tape la freidora y cocine en la posición de sopa durante 10 minutos. Libere la presión, destape y haga un puré con una batidora de inmersión. Ponga la freidora en modo manual, añada la mitad y la mitad, el orzo y el pollo, remueva y cocine durante 3 minutos. Divida la sopa en tazones, espolvoree las cebollas verdes por encima y sirva.

La nutrición:

Calorías: 130

Proteínas: 6 g.

Grasa: 2,3 g.

Carbohidratos: 18 g.

Sopa de carne y arroz

Tiempo de preparación: 10 minutos

Tiempo de cocción: 15 minutos

Porciones: 6

Ingredientes:

- 1 libra de carne picada
- 3 dientes de ajo, pelados y picados
- 1 cebolla amarilla, pelada y picada
- 1 cucharada de aceite vegetal
- 1 tallo de apio picado
- 28 onzas de caldo de carne
- 14 onzas de tomates triturados en lata
- ½ taza de arroz blanco
- 12 onzas de jugo de tomate picante
- 15 onzas de garbanzos enlatados, enjuagados
- 1 patata, cortada en cubos
- Sal y pimienta negra molida, al gusto
- ½ taza de guisantes congelados
- 2 zanahorias, peladas y cortadas en rodajas finas

Direcciones:

1. Ponga la freidora de aire en modo salteado, añada la carne, remuévala, cocínela hasta que se dore y pásela a un plato. Añade el aceite a la Air fryer y caliéntalo.

2. Añade el apio y la cebolla, remueve y cocina durante 5 minutos. Poner el ajo, remover y cocinar durante 1 minuto. Añada el zumo de tomate, el caldo, los tomates, el arroz, las judías, las zanahorias, las patatas, la carne, la sal y la pimienta, remueva, tape y cocine en modo Manual durante 5 minutos. Libere la presión, destape la freidora y póngala en modo Manual. Salpimente más, si lo desea, y los guisantes, remueva, deje que se cocine a fuego lento, páselo a tazones y sírvalo caliente.

La nutrición:

Calorías: 230

Proteínas: 3 g.

Grasa: 7 g.

Carbohidratos: 10 g.

Sopa de pollo con fideos

Tiempo de preparación: 10 minutos

Tiempo de cocción: 12 minutos

Porciones: 6

Ingredientes:

- 1 cebolla amarilla, pelada y picada
- 1 cucharada de mantequilla
- 1 tallo de apio picado
- 4 zanahorias, peladas y cortadas en rodajas
- Sal y pimienta negra molida, al gusto
- 6 tazas de caldo de pollo
- tazas de pollo, ya cocido y desmenuzado
- Fideos de huevo, ya cocidos

Direcciones:

1. Poner la freidora de aire en modo Sauté, añadir la mantequilla y calentarla. Poner la cebolla, remover y cocinar 2 minutos. Añade el apio y las zanahorias, remueve y cocina 5 minutos. Añada el pollo y el caldo, remueva, tape la Air fryer y cocine en el modo Sopa durante 5 minutos. Libere la presión, destape la freidora, añada sal y pimienta al gusto y remueva. Reparta los fideos en platos hondos, añada la sopa por encima y sirva.

La nutrición:

Calorías: 100

Proteínas: 7 g.

Grasa: 1 g.

Carbohidratos: 4 g.

Zuppa Toscana

Tiempo de preparación: 10 minutos

Tiempo de cocción: 17 minutos

Porciones: 8

Ingredientes:

- 1 libra de salchicha de pollo molida
- 6 rebanadas de jamón, picadas
- 3 dientes de ajo, pelados y picados
- 1 taza de cebolla amarilla, pelada y picada
- 1 cucharada de mantequilla
- 40 onzas de caldo de pollo
- Sal y pimienta negra molida, al gusto
- Escamas de pimienta roja
- 3patatas, cortadas en cubos
- 3 cucharadas de almidón de maíz
- 12 onzas de leche evaporada
- 1 taza de parmesano rallado
- 2 tazas de espinacas picadas

Direcciones:

1. Ponga la freidora de aire en modo salteado, añada el bacon, remuévalo, cocínelo hasta que esté crujiente y páselo a un plato.

2. Añada las salchichas a la freidora, remuévalas, cocínelas hasta que se doren por todos los lados y páselas también a un plato.

3. Añade la mantequilla a la Air fryer y derrítela. Poner la cebolla, remover y cocinar durante 5 minutos. Poner el ajo, remover y cocinar durante un minuto. Vierta ⅓ del caldo, la sal, la pimienta y los copos de pimienta y remueva. Coloque las patatas en la cesta de vapor de la freidora, tápelas y cocínelas a vapor durante 4 minutos. Suelte la presión, destape la freidora y pase las patatas a un bol. Añade el resto del caldo a la freidora con la maicena mezclada con la leche evaporada, remueve y pon la freidora en modo Manual. Añade el queso, la salchicha, el bacon, las patatas, las espinacas, más sal y pimienta, si es necesario, remueve, reparte en cuencos y sirve.

La nutrición:

Calorías: 170

Proteínas: 10 g.

Grasa: 4 g.

Carbohidratos: 24 g.

Sopa Minestrone

Tiempo de preparación: 10 minutos

Tiempo de cocción: 15 minutos

Porciones: 8

Ingredientes:

- 1 cucharada de aceite de oliva virgen extra
- 1 tallo de apio picado
- 2 zanahorias, peladas y picadas
- 1 cebolla, pelada y picada
- 1 taza de granos de maíz
- 1 calabacín picado
- 3 libras de tomates, sin corazón, pelados y picados
- 4 dientes de ajo, pelados y picados
- 29 onzas de caldo de pollo
- 1 taza de pasta sin cocer
- Sal y pimienta negra molida, al gusto
- 1 cucharadita de condimento italiano
- 2 tazas de espinacas tiernas
- 15 onzas de alubias en lata
- 1 taza de queso Asiago rallado
- 2 cucharadas de albahaca fresca picada

Direcciones:

1. Poner la freidora de aire en modo Sauté, añadir el aceite y calentarlo. Pon la cebolla, remueve y cocina 5 minutos. Añade las zanahorias, el ajo, el apio, el maíz y el calabacín, remueve y cocina 5 minutos. Añade los tomates, el caldo, el condimento italiano, la pasta, la sal y la pimienta, remueve, tapa y cocina en la posición Sopa durante 4 minutos. Libere naturalmente la presión, destape, añada las judías, la albahaca y las espinacas. Salpimentar más, si se desea, repartir en cuencos, añadir el queso por encima y servir.

La nutrición:

Calorías -110

Proteínas: 5 g.

Grasa: 2 g.

Carbohidratos: 18 g.

Sopa de pollo y arroz salvaje

Tiempo de preparación: 10 minutos

Tiempo de cocción: 15 minutos

Porciones: 6

Ingredientes:

- 1 taza de cebolla amarilla, pelada y picada
- cucharadas de mantequilla
- 1 taza de apio picado
- 1 taza de zanahorias picadas
- 28 onzas de caldo de pollo
- 2pechugas de pollo, sin piel, deshuesadas y picadas

- 6 onzas de arroz salvaje

- Escamas de pimienta roja

- Sal y pimienta negra molida, al gusto

- 1 cucharada de perejil seco

- 2 cucharadas de maicena

- 2 cucharadas de agua

- 1 taza de leche

- 1 taza de mitad y mitad

- 4 onzas de queso crema, cortado en cubos

Direcciones:

1. Poner la freidora de aire en modo Sauté, añadir la mantequilla y derretirla. Añade la zanahoria, la cebolla y el apio, remueve y cocina durante 5 minutos. Añada el arroz, el pollo, el caldo, el perejil, la sal y la pimienta, remueva, tape y cocine en el modo Sopa durante 5 minutos. Suelte la presión, destape, añada la maicena mezclada con agua, remueva y ponga la freidora en modo Manual. Añada el queso, la leche y la mitad y la mitad, revuelva, caliente, pase a tazones y sirva.

La nutrición:

Calorías: 200

Proteínas: 5 g.

Grasa: 7 g.

Carbohidratos: 19 g.

Sopa de tomate cremosa

Tiempo de preparación: 10 minutos

Tiempo de cocción: 6 minutos

Porciones: 8

Ingredientes:

- 1 cebolla amarilla, pelada y picada
- 3 cucharadas de mantequilla
- 1 zanahoria, pelada y picada
- 2 tallos de apio picados
- 2 dientes de ajo, pelados y picados
- 29 onzas de caldo de pollo
- Sal y pimienta negra molida, al gusto
- ¼ de taza de albahaca fresca picada
- 3 libras de tomates, pelados, sin corazón y cortados en cuartos
- 1 cucharada de pasta de tomate
- 1 taza de mitad y mitad
- ½ taza de queso parmesano rallado

Direcciones:

1. Ponga la freidora de aire en modo Sauté, añada la mantequilla y derrítala. Mezcla la cebolla, las zanahorias y el apio, remueve y cocina durante 3 minutos.

2. Añade el ajo, remueve y cocina durante 1 minuto. Poner los tomates, la pasta de tomate, el caldo, la albahaca, la sal y la pimienta, remover, tapar y cocinar en el modo Sopa durante 5 minutos.

3. Libere la presión, destape la freidora y haga un puré con la batidora de inmersión. Añada el queso y la mitad, remueva, ponga la freidora en modo manual y caliéntelo todo. Divida la sopa en platos hondos y sirva.

La nutrición:

Calorías: 280

Proteínas: 24 g.

Grasa: 8 g.

Carbohidratos: 32 g.

Sopa de tomate

Tiempo de preparación: 10 minutos

Tiempo de cocción: 45 minutos

Porciones: 6

Ingredientes:

- Para los tomates asados:
- 14 dientes de ajo, pelados y machacados
- 3 libras de tomates cherry, cortados en mitades
- Sal y pimienta negra molida, al gusto
- 2 cucharadas de aceite de oliva virgen extra
- ½ cucharadita de copos de pimienta roja

Para la sopa:

1. 1 cebolla amarilla, pelada y picada
2. 2 cucharadas de aceite de oliva
3. 1 pimiento rojo, sin semillas y picado

4. 3 cucharadas de pasta de tomate
5. 2 costillas de apio picadas
6. 2 tazas de caldo de pollo
7. 1 cucharadita de ajo en polvo
8. 1 cucharadita de cebolla en polvo
9. ½ cucharada de albahaca seca
10. ½ cucharadita de copos de pimienta roja
11. Sal y pimienta negra molida, al gusto
12. 1 taza de crema de leche

Para servir:

- Hojas de albahaca fresca, picadas
- ½ taza de queso parmesano rallado

Direcciones:

1. Poner los tomates y el ajo en una bandeja de horno, rociar 2 cucharadas de aceite, sazonar con sal, pimienta y ½ cucharadita de escamas de pimiento rojo, remover para cubrir, introducir en el horno a 425°F, y asar durante 25 minutos. Sacar los tomates del horno y reservar.

2. Ponga la freidora de aire en modo Sauté, añada el aceite y caliéntelo. Añade la cebolla, el pimiento, el apio, la sal, la pimienta, el ajo en polvo, la cebolla en polvo, la albahaca, el resto de los copos de pimiento rojo, remueve y cocina durante 3 minutos.

3. Añada la pasta de tomate, los tomates asados y el ajo y remueva. Añada el caldo, tape la freidora y cocine en modo manual durante 10 minutos. Suelte la presión, destape la freidora y póngala en modo Saltear. Añada la nata líquida y mezcle todo con una batidora de inmersión. Divida en cuencos, añada albahaca y queso por encima y sirva.

La nutrición:

Calorías: 150

Proteínas: 4 g.

Grasa: 1 g.

Carbohidratos: 3 g.

Sopa de zanahoria

Tiempo de preparación: 10 minutos

Tiempo de cocción: 16 minutos

Porciones: 4

Ingredientes:

- 1 cucharada de aceite vegetal
- 1 cebolla, pelada y picada
- 1 cucharada de mantequilla
- 1 diente de ajo, pelado y picado
- 1 libra de zanahorias, peladas y picadas
- 1 trozo pequeño de jengibre, pelado y rallado
- Sal y pimienta negra molida, al gusto
- ¼ de cucharadita de azúcar moreno
- 2 tazas de caldo de pollo
- 1 cucharada de Sriracha
- 14 onzas de leche de coco en lata
- Hojas de cilantro picadas, para servir

Direcciones:

1. Poner la freidora de aire en modo Sauté, añadir la mantequilla y el aceite y calentarlos. Poner la cebolla, remover y cocinar durante 3 minutos.

---

2. Añadir el jengibre y el ajo, remover y cocinar durante 1 minuto. Añadir el azúcar, las zanahorias, la sal y la pimienta, remover y cocinar 2 minutos.

3. Añade la sriracha, la leche de coco, el caldo, remueve, tapa y cocina en la posición Sopa durante 6 minutos. Naturalmente, libere la presión durante 10 minutos, destape la Air fryer, licúe la sopa con una batidora de inmersión, añada más sal y pimienta, si es necesario, y divida en tazones para sopa. Añada el cilantro por encima y sirva.

La nutrición:

Calorías: 60

Proteínas: 2 g.

Grasa: 1 g.

Carbohidratos: 12 g.

Sopa de col

Tiempo de preparación: 10 minutos

Tiempo de cocción: 10 minutos

Porciones: 4

Ingredientes:

- 1 cabeza de col, picada
- 12 onzas de zanahorias pequeñas
- 3 tallos de apio picados
- ½ cebolla, pelada y picada
- 1 paquete de sopa de verduras
- 2 cucharadas de aceite de oliva
- 12 onzas de hamburguesa de soja
- 3 cucharadas de ajo pelado y picado
- ¼ de taza de cilantro picado
- 4 tazas de caldo de pollo
- Sal y pimienta negra molida, al gusto

Direcciones:

1. En la freidora de aire, mezcle la col con el apio, las zanahorias, la cebolla, la mezcla de sopa, la hamburguesa de soja, el caldo, el aceite de oliva y el ajo, remueva, tape y cocine en modo sopa durante 5 minutos. Suelte la presión, destape la freidora, añada la sal, la pimienta y el cilantro, vuelva a remover bien, reparta en platos hondos y sirva.

La nutrición:

Calorías: 100

Proteínas: 10 g.

Grasa: 1 g.

Carbohidratos: 10 g.

Crema de espárragos

Tiempo de preparación: 10 minutos

Tiempo de cocción: 25 minutos

Porciones: 4

Ingredientes:

- 2 libras de espárragos verdes, recortados, sin las puntas y cortados en trozos medianos
- 3 cucharadas de mantequilla
- 1 cebolla amarilla, pelada y picada
- 6 tazas de caldo de pollo
- ¼ de cucharadita de zumo de limón
- ½ taza de crème fraiche

- Sal y pimienta blanca molida, al gusto

Direcciones:

1. Poner la freidora de aire en modo Sauté, añadir la mantequilla y derretirla. Añade los espárragos, sal y pimienta, remueve y cocina durante 5 minutos. Añada 5 tazas de caldo, tape la freidora y cocine en modo Sopa durante 15 minutos. Suelte la presión, destape la freidora y pase la sopa a una batidora. Pulse varias veces y devuélvala a la freidora. Ponga la freidora en modo manual, añada la crème fraiche, el resto del caldo, la sal, la pimienta y el zumo de limón, llévelo a ebullición, repártalo en platos hondos y sírvalo.

La nutrición:

Calorías: 80

Proteínas: 6,3 g.

Grasa: 8 g.

Carbohidratos: 16 g.

Sopa de fideos con verduras

Tiempo de preparación: 5 minutos

Tiempo de cocción: 10 minutos

Porciones: 4

Ingredientes:

- Apio: 4 tallos, cortados en trozos pequeños
- Zanahorias: 4, cortadas en trozos pequeños
- Batatas: 2, peladas y picadas
- Cebolla dulce: 1, picada
- Ramilletes de brócoli: 1 taza
- Tomate: 1, cortado en dados
- Ajo: 2 dientes picados
- Hoja de laurel: 1
- Orégano seco: 1 cucharadita.
- Tomillo seco: 1 cucharadita.
- Albahaca seca: 1 cucharadita.
- Sal: 1 a 2 cucharaditas.
- Pimienta negra molida
- Pasta seca: 1 taza
- Caldo de verduras: 4 tazas, más lo necesario
- Agua: 1 a ½ tazas, más la necesaria
- Perejil fresco picado, para decorar
- Ralladura de limón para decorar
- Galletas, para servir

Direcciones:

1. En la freidora de aire, combine el agua, el caldo, la pasta, la sal, la pimienta, la albahaca, el tomillo, el orégano, el laurel, el ajo, el tomate, el brócoli, la cebolla, las batatas, las zanahorias y el apio.

2. Cubra la freidora.

3. Cocine a fuego alto durante 3 minutos.

4. Haz una liberación natural y luego una liberación rápida.

5. Retira la tapa y remueve la sopa.

6. Deseche la hoja de laurel, adorne y sirva.

La nutrición:

Calorías: 120

Proteínas: 8 g.

Grasa: 10 g.

Carbohidratos: 22 g.

Sopa de zanahoria y jengibre

Tiempo de preparación: 5 minutos

Tiempo de cocción: 10 minutos

Raciones: 2

Ingredientes:

- Zanahorias: 7 picadas
- Jengibre fresco: 1 pulgada, pelado y picado
- Cebolla dulce: ½ cebolla picada
- Caldo de verduras: 1 ¼ tazas
- Sal: ½ cucharadita.
- Pimentón dulce: ½ cucharadita.
- Pimienta negra molida
- Crema agria de anacardos para decorar
- Hierbas frescas para decorar

Direcciones:

1. En la freidora, combine el pimentón, la sal, el caldo, la cebolla, el jengibre y las zanahorias. Sazone con pimienta.
2. Cubra la freidora.
3. Cocine a fuego alto durante 3 minutos.
4. Haz una liberación natural y luego una liberación rápida.
5. Abrir y batir con una batidora de mano hasta que quede suave.
6. Adornar y servir.

La nutrición:

Calorías: 85

Proteínas: 6,7 g.

Grasa: 8,5 g.

Carbohidratos: 18 g.

Sopa cremosa de tomate y albahaca

Tiempo de preparación: 5 minutos

Tiempo de cocción: 4 minutos

Porciones: 4

Ingredientes:

- Mantequilla vegana: 2 cucharadas.
- Cebolla dulce pequeña: 1, picada
- Ajo: 2 dientes picados
- Zanahoria: 1, picada
- Apio 1 tallo, picado
- Caldo de verduras: 3 tazas
- Tomates: 3 libras, cortados en cuartos

- Albahaca fresca: ¼ de taza, más para decorar
- Levadura nutricional: ¼ de taza
- Sal y pimienta negra molida
- Leche no láctea: de ½ a 1 taza

Direcciones:

1. Pulse Sauté en la Air fryer, añada la mantequilla y derrítala.
2. Poner el ajo y la cebolla y saltear durante 3 o 4 minutos.
3. Añadir el apio y la zanahoria y cocinar 2 minutos más. Remover continuamente.
4. Añadir el caldo y desglasar la olla.
5. Añada la sal, la levadura, la albahaca y los tomates. Remover para mezclar.
6. Cubra la freidora.
7. Cocine a fuego alto durante 4 minutos.
8. Hacer una liberación natural que una liberación rápida.
9. Abrir y batir con una batidora de mano hasta que quede suave.
10. Añada la leche. Probar y rectificar la sazón.
11. Adornar y servir.

La nutrición:

Calorías: 70

Proteínas: 5,6 g.

Grasa: 7,4g.

Carbohidratos: 13 g.

Sopa de champiñones

Tiempo de preparación: 5 minutos

Tiempo de cocción: 4 minutos

Porciones: 4

Ingredientes:

- Mantequilla vegana: 2 cucharadas.
- Cebolla dulce pequeña: 1, picada
- Champiñones blancos: 1 ½ libra, en rodajas
- Ajo: 2 dientes picados
- Tomillo seco: 2 cucharaditas.
- Sal marina -1 cucharadita
- Caldo de verduras: 1 ¾ de taza
- Tofu sedoso: ½ taza
- Tomillo fresco picado para decorar

Direcciones:

1. Pulse Sauté en la Air fryer. Derrite la mantequilla y añade la cebolla. Sofría durante 2 minutos. Añade la sal, el tomillo seco, el ajo y las setas. Saltea durante 2 minutos más y pulsa Cancelar.
2. Añada el caldo. Tapar la freidora.
3. Cocine a fuego alto durante 5 minutos.
4. Mientras tanto, procese el tofu en un procesador de alimentos hasta que esté suave. Reservar.
5. Haz una suelta natural y luego una suelta rápida.

6. Abrir y batir con una batidora de mano hasta que quede suave.

7. Adornar y servir.

La nutrición:

Calorías: 80

Proteínas: 6,2 g.

Grasa: 9 g.

Carbohidratos: 17 g.

Sopa de boniato con chipotle

Tiempo de preparación: 3 minutos

Tiempo de cocción: 2 minutos

Porciones: 4

Ingredientes:

- Caldo de verduras: 1 ¼ tazas
- Leche de coco light: 1 lata (14 onzas)
- Boniatos: 2, pelados y cortados en dados
- Chiles chipotles enlatados: de 2 a 4 (en salsa de adobo), picados
- Pimiento rojo: 1, cortado en dados
- Cebolla pequeña: 1, cortada en dados
- Comino molido: 1 cucharadita.

- Sal: ½ a 1 cucharadita.
- Maíz dulce congelado: 1 ½ tazas
- Salsa de adobo de los pimientos enlatados, al gusto

Direcciones:

1. Bata la leche de coco y el caldo en un bol. Mezclar bien.
2. Verter en la freidora de aire. Añade la sal, el comino, la cebolla, el pimiento, los chipotles y los boniatos.
3. Cubra la freidora.
4. Cocine a fuego alto durante 2 minutos.
5. Haz una suelta natural y luego una suelta rápida.
6. Retira la tapa y añade la salsa de adobo y el maíz congelado.
7. Advierta el maíz y sirva.

La nutrición:

Calorías: 95

Proteínas: 8,5 g.

Grasa: 9,2 g.

Carbohidratos: 23 g.

Guiso de batatas con coco

Tiempo de preparación: 5 minutos

Tiempo de cocción: 4 minutos

Porciones: 4

Ingredientes:

- Aceite de aguacate: 2 cucharadas.
- Cebolla dulce: ½ cebolla picada
- Batatas: 2, peladas y cortadas en cubos
- Ajo: 2 dientes picados
- Sal: 1 a 1 ½ cucharaditas.
- Cúrcuma molida: 1 cucharadita.
- Pimentón: 1 cucharadita.
- Comino molido: ½ cucharadita.
- Orégano seco: ½ cucharadita.
- Chili en polvo: 1 o 2 pizcas
- Tomates romanos: 2, picados
- Leche de coco light: 1 lata (14 onzas), bien agitada
- Agua: 1 ¼ tazas, más la necesaria
- Col rizada picada 1 a 2 tazas

Direcciones:

1. Seleccione Saltear en la freidora de aire y añada aceite.
2. Añadir la cebolla y saltear durante 3 minutos.
3. Incorpore el chile en polvo, el orégano, el comino, el pimentón, la cúrcuma, la sal, el ajo y los boniatos. Saltear durante 1 minuto.

---

4. Añadir el agua, los tomates y la leche de coco y mezclar.

5. Cubra la freidora.

6. Cocine a fuego alto durante 4 minutos.

7. Hacer una liberación natural que una liberación rápida.

8. Abrir e incorporar la col rizada. Mezclar.

9. Sirve.

La nutrición:

Calorías: 105

Proteínas: 9,3 g.

Grasa: 10 g.

Carbohidratos: 25 g.

Menestra de verduras italiana

Tiempo de preparación: 5 minutos

Tiempo de cocción: 7 minutos

Porciones: 4

Ingredientes:

- Aceite de oliva: 2 cucharadas.
- Puerros 2, sólo la parte blanca y la verde muy clara, picados
- Cebolla dulce: 1, picada
- Zanahoria: 1, picada
- Apio: 1, en rodajas
- Champiñones blancos: 1 taza, en rodajas
- Berenjena pequeña 1, picada
- Ajo: 3, dientes, picados
- Patatas Yukon gold: 3, picadas
- Tomates romanos: 3, picados
- Caldo de verduras: 4 tazas
- Orégano seco: 1 cucharadita.
- Sal: ½ cucharadita y más si es necesario
- Hojas de col rizada rasgadas: 2 tazas
- Pimienta negra molida
- Albahaca fresca para decorar

Direcciones:

1. Seleccione Saltear en la freidora de aire y añada aceite.

2. Añade la berenjena, los champiñones, el apio, la zanahoria, la cebolla y los puerros. Saltear durante 2 minutos.
3. Añade el ajo.
4. Cocinar 30 segundos más.
5. Añadir la sal, el orégano, el caldo, los tomates y las patatas.
6. Cubra la freidora.
7. Cocine a fuego alto durante 7 minutos.
8. Haz una liberación natural y luego una liberación rápida.
9. Abrir y remover la col rizada.
10. Probar y ajustar la sazón.
11. Sirve.

La nutrición:

Calorías: 115

Proteínas: 10 g.

Grasa: 12 g.

Carbohidratos: 28 g.

Guiso de espinacas y menta

Tiempo de preparación: 5 minutos

Tiempo de cocción: 15 minutos

Porciones: 4

Ingredientes:

- 2 tazas de crema de leche
- 1 cucharada de zumo de limón
- 1 cebolla pequeña picada
- 2 tazas de espinacas frescas picadas
- 2 dientes de ajo picados
- 1/2 cucharadita de pimienta negra, (finamente molida)
- 1 cucharada de hojas de menta rasgadas
- 1 cucharadita de sal
- 1 taza de hojas de apio picadas
- 2 cucharadas de mantequilla
- 1 taza de tallos de apio picados

Direcciones:

1. Coloque la freidora de aire sobre una plataforma seca en su cocina. Abra la tapa superior y enciéndala.
2. Busque y pulse la función de cocción "SAUTE"; añada la mantequilla en ella y deje que se caliente.
3. En la olla, añada las cebollas, el ajo y los tallos de apio; cocine (sin dejar de remover) hasta que se vuelvan translúcidos y se ablanden durante unos 2 minutos.

4. Añade las hojas de apio y las espinacas; sazona al gusto y remueve durante 2-3 minutos.

5. Añada la nata espesa; remueva suavemente para mezclar bien.

6. Cierre la tapa superior para crear una cámara bloqueada; asegúrese de que la válvula de seguridad está en posición de bloqueo.

7. Busque y pulse la función de cocción "MANUAL"; el temporizador a 5 minutos con el modo de presión "ALTO" por defecto.

8. Deje que la presión aumente para cocinar los ingredientes.

9. Una vez finalizado el tiempo de cocción, pulse el ajuste "CANCELAR". Busque y pulse la función de cocción "QPR". Este ajuste es para la liberación rápida de la presión interior.

10. Abra lentamente la tapa, añada la menta y el zumo de limón. Saque la receta cocinada en platos o cuencos de servir y disfrute de la receta keto.

La nutrición:

Calorías: 85

Proteínas: 7,1 g.

Grasa: 8 g.

Carbohidratos: 18,6 g.

Sopa cremosa de coliflor y salvia

Tiempo de preparación: 10 minutos

Tiempo de cocción: 10 minutos

Porciones: 4

Ingredientes:

- 1 cucharadita de mantequilla
- 1 cebolla grande picada
- 4 dientes de ajo picados
- 1 cucharadita de salvia molida
- 8 tazas de flores de coliflor
- 3 tazas de caldo de pollo bajo en sodio

- ½ cucharadita de sal
- Pimienta al gusto
- ½ taza de leche de coco sin azúcar

Direcciones:

1. Seleccione el ajuste de Saltear y caliente la mantequilla. Incorpore la cebolla y cocínela hasta que esté transparente, unos 3-5 minutos. Añade el ajo y la salvia y cocina durante 1 minuto. Añade la coliflor, el caldo de pollo, la sal y la pimienta, y remueve bien.

2. Pulse Cancelar para restablecer las instrucciones de cocción. Asegure la tapa y fije la Liberación de Presión en Sellado. Seleccione el ajuste de Cocción a Presión o Manual y ajuste el tiempo de cocción a 10 minutos a alta presión.

3. Una vez que el temporizador haya terminado, deje reposar durante al menos 10 minutos; la presión se liberará de forma natural. A continuación, cambie la función de liberación de presión a ventilación para que salga el último vapor.

4. Abre la tapa y haz un puré con la batidora de inmersión o pásalo a una batidora de pie. Incorpore la leche de coco sin azúcar y añada sal y pimienta al gusto.

La nutrición:

Calorías: 171

Proteínas: 8,8 g.

Grasa: 9,2 g.

Carbohidratos: 18,1 g.

Sopa de calabaza al curry

Tiempo de preparación: 10 minutos

Tiempo de cocción: 5 minutos

Porciones: 4

Ingredientes:

- 2 cucharadas de mantequilla
- 1 cebolla picada
- 2 cucharadas de curry en polvo
- 1/8 de cucharadita de pimienta de cayena (opcional)
- 4 tazas de caldo de verduras
- 4 tazas de puré de calabaza bajo en sodio
- 1 cucharada de tamari
- Sal al gusto
- Pimienta al gusto1½

  tazas de leche de coco sin azúcar

  1 cucharadita de zumo de limón

  Opcional: ¼ de taza de semillas de calabaza tostadas

  para servir

Direcciones:

1. Seleccione la opción de saltear en la freidora y caliente la mantequilla. Añade la cebolla y cocínala hasta que esté transparente, 3-4 minutos.

2. Añade el curry en polvo y la cayena (si la usas), y remueve hasta que estén fragantes 1-2 minutos. Vierta el caldo de verduras y la taza de agua. Añada el puré de calabaza y el tamari. Sazone al gusto con sal y pimienta.

3. Pulse Cancelar para restablecer las instrucciones de cocción. Asegure la tapa y fije la Liberación de Presión en Sellado. Seleccione el ajuste de Cocción a Presión o Manual y ajuste el tiempo de cocción a 5 minutos a alta presión.

4. Una vez hecho esto, déjelo a un lado durante al menos 10 minutos; la presión se liberará de forma natural. A continuación, cambie la función de liberación de presión a ventilación para que salga el último vapor.

5. Abre la tapa y haz un puré con la batidora de inmersión o pásalo a una batidora de pie. Incorpore la leche de coco sin azúcar y añada sal y pimienta al gusto.

6. Sirva en tazones y cubra con semillas de calabaza tostadas, si lo desea.

La nutrición:

Calorías: 340

Proteínas: 5,8 g.

Grasa: 24,9 g.

Carbohidratos: 30,9 g.

Mi sopa de pollo al limón característica

Tiempo de preparación: 10 minutos

Tiempo de cocción: 6 minutos

Porciones: 4

Ingredientes:

- 1 cucharada de aceite de oliva
- 1 cebolla mediana picada
- 3 dientes de ajo picados
- 2zanahorias medianas, peladas y cortadas en rodajas
- 6 tallos de apio, cortados en rodajas
- 8 tazas de caldo de pollo sin grasa
- 1 cucharadita de tomillo seco
- Sal al gusto
- Pimienta al gusto
- 1½ lbs. de pechugas de pollo deshuesadas y sin piel
- 4oz. de espaguetis integrales, rotos en trozos de 1 pulgada
- 1 manojo de col rizada, sin tallo y cortada en trozos grandes, para obtener 1,5 tazas
- 2 limones, exprimidos
- Opcional: trozos de limón para servir

Direcciones:

1. Selecciona el ajuste de Saltear y calienta el aceite de oliva. Añade la cebolla, el ajo, las zanahorias y el apio y saltea durante 4-6 minutos.

2. Añadir el caldo de pollo y el tomillo. Añadir sal y pimienta al gusto. Añadir las pechugas de pollo y remover bien.

3. Pulse Cancelar para restablecer las instrucciones de cocción. Asegure la tapa y fije la Liberación de Presión en Sellado. Seleccione el ajuste Sopa y ajuste el tiempo de cocción a 6 minutos a alta presión.

4. Una vez hecho esto, déjelo a un lado durante al menos 10 minutos; la presión se liberará de forma natural. A continuación, cambie la función de liberación de presión a ventilación para que salga el último vapor.

5. Abrir la tapa y sacar el pollo y desmenuzarlo. Añade los espaguetis rotos y remueve; cocina durante el tiempo indicado en el paquete. Vuelva a añadir el pollo a la olla y añada la col rizada y el zumo de limón. Sirve en tazones con un chorrito extra de limón, un chorrito de aceite de oliva o pimienta fresca.

La nutrición:

Calorías: 388

Proteínas: 45 g.

Grasa: 7 g.

Carbohidratos: 35,1 g.

Sopa de cebolla francesa sin complicaciones

Tiempo de preparación: 5 minutos

Tiempo de cocción: 20 minutos

Porciones: 4

Ingredientes:

- 3 cucharadas de mantequilla sin sal
- 3 cebollas amarillas grandes, cortadas por la mitad y luego en rodajas finas
- 2 cucharadas de vinagre balsámico
- 6 tazas de caldo de carne
- 2 ramitas grandes de tomillo fresco
  1 cucharadita de sal

Direcciones:

1. Seleccione la opción de saltear y caliente la mantequilla.
2. Añade las cebollas y remueve constantemente hasta que estén completamente cocidas y caramelizadas. Esto puede llevar de 20 a 30 minutos o más, dependiendo de sus cebollas y del calor de su freidora. Lo que se busca es un color caramelo intenso. Si las cebollas comienzan a ennegrecerse en los bordes, utilice el botón de ajuste para reducir el calor a menos.
3. Una vez que las cebollas se hayan caramelizado, añadir el vinagre balsámico, el vinagre de vino tinto, el caldo, el tomillo y la sal, y raspar los trozos dorados del fondo de la olla.
4. Pulse Cancelar para restablecer las instrucciones de cocción. Asegure la tapa y fije la Liberación de Presión en Sellado. Seleccione el ajuste Sopa y ajuste el tiempo de cocción a 10 minutos a alta presión.
5. Una vez hecho esto, déjelo a un lado durante al menos 10 minutos; la presión se liberará de forma natural. A continuación, cambie la función de liberación de presión a ventilación para que salga el último vapor.
6. Abra la freidora y deseche los tallos de tomillo. Aromatizar con sal y pimienta al gusto y servir caliente.

La nutrición:

Calorías: 151

Proteínas: 5,5 g.

Grasa: 9,4 g.

Carbohidratos: 11,5 g.

Sopa cremosa de brócoli y manzana

Tiempo de preparación: 5 minutos

Tiempo de cocción: 5 minutos

Porciones: 4

Ingredientes:

- 2 cucharadas de mantequilla
- 3 puerros medianos, sólo las partes blancas (¡congelados!)
- 2 chalotas picadas, unas 3 cucharadas
- 1 cabeza grande de brócoli, cortada en ramilletes
- 1 manzana grande, pelada, descorazonada y cortada en dados
- 4 tazas de caldo de verduras
- 1 taza de leche de coco sin azúcar
- Pimienta al gusto
- Sal al gusto
- Opcional: ¼ de taza de nueces tostadas
- Opcional: ¼ de taza de crema de coco

Direcciones:

1. Selecciona el ajuste de Saltear y calienta la mantequilla. Añade los puerros y las chalotas y cocina, removiendo constantemente, hasta que se ablanden, 4-6 minutos. Añade el brócoli y la manzana y saltea otros 5-6 minutos. Añade el caldo de verduras y remueve bien.

2. Pulse Cancelar para restablecer las instrucciones de cocción. Asegure la tapa y fije la Liberación de Presión en Sellado. Seleccione el ajuste de Cocción a Presión o Manual y ajuste el tiempo de cocción a 5 minutos a alta presión.

3. Una vez hecho esto, déjelo a un lado durante al menos 10 minutos; la presión se liberará de forma natural. A continuación, cambie la función de liberación de presión a ventilación para que salga el último vapor.

4. Abre la tapa y haz un puré con la batidora de inmersión o pásalo a una batidora de pie. Incorpore la leche de coco sin azúcar y añada sal y pimienta al gusto.

5. Sirva en tazones y cubra con nueces tostadas o un poco de crema de coco.

La nutrición:

Calorías: 259

Proteínas: 6,8 g.

Grasa: 14,3 g.

Carbohidratos: 32,3 g.

Estofado de acelgas y boniatos para mejorar la inmunidad

Tiempo de preparación: 10 minutos

Tiempo de cocción: 8 minutos

Raciones: 2

Ingredientes:

- 2 cucharadas de aceite de oliva
- 1 cucharadita de semillas de comino, o 1 cucharadita de comino molido
- 1 cebolla mediana, cortada en dados
- 2 batatas medianas, peladas y en cubos de ½ pulgada
- ½ cucharadita de cúrcuma
- 1 cucharada de jengibre fresco, pelado y picado
- 1 cucharadita de sal
- 1 cucharadita de cilantro molido
- 2 tazas de caldo de verduras
- 1 manojo de acelgas (unas 12 onzas)
- Opcional: trozos de limón para servir

Direcciones:

1. Seleccione la opción de saltear y caliente el aceite de oliva. Incorpore la cebolla y cocínela hasta que esté transparente, de 3 a 5 minutos. Si utiliza semillas de comino, añádalas ahora y tuéstelas de 1 a 3 minutos, hasta que estén fragantes. Si no, añada el comino molido en el siguiente paso.

2. Añade el boniato, el comino molido (si lo usas), el jengibre, la cúrcuma, el cilantro y la sal y cocina durante 3-4 minutos. Añade el caldo de verduras y las acelgas. Añade más sal y pimienta si es necesario.

3. Pulse Cancelar para restablecer las instrucciones de cocción. Asegure la tapa y fije la Liberación de Presión en Sellado. Seleccione el ajuste de Cocción a Presión o Manual y ajuste el tiempo de cocción a 8 minutos a alta presión.

4. Una vez hecho esto, déjelo a un lado durante al menos 10 minutos; la presión se liberará de forma natural. A continuación, cambie la función de liberación de presión a ventilación para que salga el último vapor.

5. Sirva en tazones y en caliente con un chorrito de zumo de limón, si lo desea.

La nutrición:

Calorías: 308

Proteínas: 6,2 g.

Grasa: 14,4 g.

Carbohidratos: 42,6 g.

Sopa de lentejas marroquíes

Tiempo de preparación: 10 minutos

Tiempo de cocción: 10 minutos

Porciones: 4

Ingredientes:

- 1 cucharada de aceite de oliva
- 1 cebolla pequeña picada
- dientes de ajo picados
- 3/4 de libra de pavo molido
- 1 cucharada de comino
- 1 cucharadita de ajo en polvo
- 1 cucharadita de chile en polvo
- 1 cucharadita de sal, más al gusto
- ¼ de cucharadita de canela
- Pimienta al gusto
- tazas de caldo de carne
- 1 taza de lentejas verdes o marrones

Direcciones:

1. Selecciona la opción de saltear y calienta el aceite de oliva. Poner la cebolla y el ajo y saltear hasta que estén fragantes, 2-3 minutos. Añade la carne picada y el comino, el ajo en polvo, el chile en polvo, la sal, la canela y la pimienta. Cocinar hasta que esté bien dorada y empiece a chamuscarse. Añadir el caldo de carne y raspar los trozos dorados del fondo de la olla. Añadir las lentejas y remover bien.

2. Pulse Cancelar para restablecer las instrucciones de cocción. Asegure la tapa y fije la Liberación de Presión en Sellado. Seleccione el ajuste Sopa y ajuste el tiempo de cocción a 10 minutos a alta presión.

3. Una vez hecho esto, déjelo a un lado durante al menos 10 minutos; la presión se liberará de forma natural. A continuación, cambie la función de liberación de presión a ventilación para que salga el último vapor.

4. Abra la freidora y pruebe; añada más sal y pimienta al gusto. Servir en cuencos con un chorrito de aceite de oliva o pimienta fresca.

La nutrición:

Calorías: 364

Proteínas: 31,3 g.

Grasa: 12 g.

Carbohidratos: 32,2 g.

Sopa de albóndigas de salmón

Tiempo de preparación: 6 minutos

Tiempo de cocción: 10 minutos

Porciones: 5

Ingredientes:

- 2 tazas de agua caliente
- 2 huevos grandes batidos
- 1 libra de salmón molido
- 2 dientes de ajo picados

- 2 cucharadas de mantequilla

Direcciones:

1. En un bol, mezclar la mantequilla, el ajo, los huevos y el salmón. Aplique un condimento de pimienta y sal.
2. Combinar la mezcla y utilizar las manos para formar pequeñas bolas.
3. Colocar las bolas de pescado en el congelador para que se cuajen durante 2 horas o hasta que se congelen.
4. Vierta el agua caliente en la freidora y eche las bolas de pescado congeladas.
5. Aplique pimienta y sal para sazonar.
6. Coloque la tapa en su sitio y asegúrese de que la ventilación está en "Sellado".
7. En el modo "Manual", ajuste el temporizador a 10 minutos.

La nutrición:

Calorías: 199

Proteínas: 13,3 g.

Grasa: 19,4 g.

Carbohidratos: 0,6 g.

Sopa de pollo con cúrcuma

Tiempo de preparación: 6 minutos

Tiempo de cocción: 15 minutos

Porciones: 3

Ingredientes:

- 1 hoja de laurel
- ½ taza de leche de coco
- 2½ cucharaditas de cúrcuma en polvo
- 4 tazas de agua
- 3pechugas de pollo sin hueso

Direcciones:

1. Coloque todos los ingredientes en la freidora de aire.
2. Remover bien para mezclar todo.
3. Coloque la tapa en su sitio y asegúrese de que la ventilación apunta a "Sellado".
4. Poner el modo "Aves" y ajustar el temporizador a 15 minutos.
5. Haz la liberación natural de la presión.

La nutrición:

Calorías: 599

Proteínas: 46,8 g.

Grasa: 61,4 g.

Carbohidratos: 3,8 g.

Sopa de huevo con pollo desmenuzado

Tiempo de preparación: 6 minutos

Tiempo de cocción: 15 minutos

Porciones: 6

Ingredientes:

- 4 huevos batidos
- tazas de pollo desmenuzado
- 2 cucharadas de aceite de coco
- 1 apio picado
- 1 cebolla picada

Direcciones:

1. Seleccione el botón "Sauté" de la Air fryer y caliente el aceite.
2. Sofreír la cebolla y el apio durante 2 minutos o hasta que estén fragantes.
3. Añadir el pollo y 4 tazas de agua.
4. Aplique pimienta y sal para sazonar.
5. Coloque la tapa en su sitio y asegúrese de que la ventilación apunta a "Sellado".
6. Pulse el botón "Aves" y ajuste el tiempo a 10 minutos.
7. Haz la liberación natural de la presión.
8. Una vez abierta la tapa, pulse el botón "Sauté" y deje que la sopa se cocine a fuego lento.

9. Con mucho cuidado, vierta poco a poco los huevos batidos y deje cocer a fuego lento durante 3 minutos más.

La nutrición:

Calorías: 154

Proteínas: 9,6 g.

Grasa: 12,8 g.

Carbohidratos: 2,9 g.

Sopa de huevo asiática

Tiempo de preparación: 6 minutos

Tiempo de cocción: 9 minutos

Porciones: 3

Ingredientes:

- 2 huevos batidos
- 1 cucharadita de jengibre rallado
- 3 tazas de agua
- 2 tazas de col rizada picada
- 3 cucharadas de aceite de coco

Direcciones:

1. Coloque todos los ingredientes, excepto los huevos batidos, en la freidora.

2. Aplique pimienta y sal para sazonar.

3. Coloque la tapa en su sitio y asegúrese de que la ventilación apunta a "Sellado".

4. En el modo "Manual", ajuste el temporizador a 6 minutos.

5. Haz la liberación natural de la presión.

6. Una vez abierta la tapa, pulse el botón "Sauté" y deje que la sopa se cocine a fuego lento.

7. Con mucho cuidado, vierta poco a poco los huevos batidos y deje cocer a fuego lento durante 3 minutos más.

La nutrición:

Calorías: 209

Proteínas: 6,5 g.

Grasa: 20,3 g.

Carbohidratos: 1,7 g.

Plan de comidas de 30 días

Día	Desayuno	Comida/cena	Postre
1	Sartén de camarones	Rollos de espinacas	Tarta de crepes de matcha
2	Yogur de coco con semillas de chía	Pliegues de queso de cabra	Mini tartas de calabaza con especias
3	Pudín de chía	Tarta de crepes	Barras de frutos secos
4	Bombas de grasa de huevo	Sopa de coco	Pastel de libra
5	Mañana "Grits"	Tacos de pescado	Receta de Tortilla Chips con Canela
6	Huevos escoceses	Ensalada Cobb	Yogur de granola con bayas
7	Sándwich de bacon	Sopa de queso	Sorbete de bayas
8	Noatmeal	Tartar de atún	Batido de coco y bayas
9	Desayuno al horno con carne	Sopa de almejas	Batido de plátano con leche de coco
10	Desayuno Bagel	Ensalada de carne asiática	Batido de mango y piña
11	Hash de huevo y verduras	Keto Carbonara	Batido verde de frambuesa
12	Sartén vaquera	Sopa de coliflor con semillas	Batido de bayas cargadas
13	Quiche de feta	Espárragos envueltos en	Batido de papaya, plátano y col rizada

		prosciutto	
14	Tortitas de bacon	Pimientos rellenos	Batido de naranja verde
15	Gofres	Berenjenas rellenas de queso de cabra	Batido doble de bayas
16	Batido de chocolate	Curry Korma	Barras de proteínas energizantes
17	Huevos en sombreros de hongos Portobello	Barras de calabacín	Brownies dulces y con nueces
18	Bombas de grasa de matcha	Sopa de setas	Keto Macho Nachos
19	Keto Smoothie Bowl	Champiñones Portobello rellenos	Gelato de mantequilla de cacahuete, choco y plátano con menta
20	Tortilla de salmón	Ensalada de lechuga	Melocotones con canela y yogur
21	Hash Brown	Sopa de cebolla	Paleta de pera y menta con miel
22	Cazuela Bangin' de Black	Ensalada de espárragos	Batido de naranja y melocotón
23	Tazas de tocino	Tabbouleh de coliflor	Batido de manzana con especias y coco
24	Huevos con espinacas y queso	Salpicao de ternera	Batido dulce y de nueces
25	Taco Wraps	Alcachofa rellena	Batido de jengibre y bayas
26	Donas de café	Rollos de	Batido apto para

		espinacas	vegetarianos
27	Tortilla de huevo al horno	Pliegues de queso de cabra	Batido de ChocNut
28	Risotto de rancho	Tarta de crepes	Batido de coco y fresa
29	Huevos escoceses	Sopa de coco	Batido de espinacas y bayas
30	Huevos fritos	Tacos de pescado	Batido de postre cremoso

Conclusión

Gracias por haber llegado hasta el final de este libro. Una freidora de aire es una adición relativamente nueva a la cocina, y es fácil ver por qué la gente se entusiasma con su uso. Con una freidora de aire, puede hacer patatas fritas crujientes, alas de pollo, pechugas de pollo y filetes en minutos. Hay muchos alimentos deliciosos que puedes preparar sin añadir aceite o grasa a tu comida. Una vez más, asegúrese de leer las instrucciones de su freidora de aire y de seguir las normas de uso y mantenimiento adecuados. Una vez que su freidora de aire esté en buenas condiciones de funcionamiento, puede ser realmente creativo y comenzar a experimentar su camino hacia la comida saludable que sabe muy bien.

Eso es todo. ¡Gracias!

CPSIA information can be obtained
at www.ICGtesting.com
Printed in the USA
BVHW012008120421
604749BV00009B/147